coleção primeiros passos

6

Caio Prado Jr.

O QUE É LIBERDADE

Capitalismo *versus* Socialismo

Coordenação:
Vanya Sant'Anna

editora brasiliense

Copyright © by Caio Prado Jr.
Nenhuma parte desta publicação pode ser gravada,
armazenada em sistemas eletrônicos, fotocopiada,
reproduzida por meios mecânicos ou outros quaisquer
sem autorização prévia da editora.

Primeira edição, 1980
15ª edição, 1994
2ª reimpressão, 2009

Diretora e editorial: *Maria Teresa B. de Lima*
Editor: *Max Welcman*
Revisão: *J. Orzari Filho*
Ilustrações: *Otávio Roth*
Capa: *Mario Camerini*

Dados Internacionais de Catalogação na Publicação (CIP)
(Câmara Brasileira do Livro, SP, Brasil)

Prado Júnior, Caio, 1907-1990
  O que é liberdade : capitalismo x socialismo / Caio
Prado Jr. Coordenação Vanya Sant'Anna. - - São Paulo :
Brasiliense, 2008 – (Coleção Primeiros Passos: 6)

2ª reimpr. da 15ª ed. de 1994
ISBN 978-85-11-01006-0

1. Capitalismo I. Liberdade. II. Socialismo.

99-2453   CDD-323.44

Índices para catálogo sistemático:
1. Liberdade : Ciência Política 323.44

editora brasiliense ltda.
Rua Antônio de Barros, 1839 - Tatuapé
CEP 03401-001 - São Paulo – SP
www.editorabrasiliense.com.br

O PROBLEMA DA LIBERDADE *

Sempre que se discutem a situação e as condições de vida nos países socialistas, vem logo à baila a questão da "liberdade individual". Isso sobretudo depois que o argumento anti-socialista outrora predileto, e que vinha a ser o dos padrões materiais dos países socialistas em confronto com os dos países capitalistas, perdeu inteiramente sua razão de ser, e não engana mais ninguém medianamente informado de assuntos internacionais. Os progressos realizados naqueles países, e em particular na União Soviética, no que se refere aos padrões médios, e sobretudo mínimos da população, são suficientemente conhecidos através de fartos depoimentos a respeito, partidos das mais insuspeitas fontes, bem como daquilo que revelam as estatísticas, cuja veracidade já não é mais seriamente posta em dúvida – ao contrá-

* O presente trabalho foi publicado em 1960 como primeiro capítulo do livro: **O Mundo do Socialismo**.

rio de alguns anos passados, quando mesmo estatísticas oficiais utilizadas pela administração soviética na programação e controle da execução dos planos econômicos (e que por isso mesmo não podiam ser falsificadas), eram sistematicamente contestadas sempre que se mostravam favoráveis ao socialismo. Os padrões soviéticos médios se equiparam hoje, se não os superam, aos dos principais países capitalistas da Europa ocidental. E são ainda inferiores unicamente aos dos Estados Unidos. Mas o que é mais importante não é a situação atual, ou em qualquer momento dado, e sim o progresso que precipitadamente se está verificando, a ponto que já é perfeitamente previsível o momento bem próximo – talvez não mais de uma dezena de anos – em que o nível de vida da população soviética não terá mais paralelo em parte alguma do mundo. E isso não em alguns setores daquela população e regiões particulares do país, como ocorre em geral nos países capitalistas que se caracterizam por grandes desníveis, e sim para todos os cidadãos em todas as partes.

Isso tudo é mais ou menos expressa ou implicitamente reconhecido pela generalidade dos observadores mais recentes e autorizados, mesmo entre os adversários do socialismo. O mais otimista (otimismo "capitalista", bem entendido), embora não negando a potencial idade e as possibilidades da União Soviética de atingir nos próximos anos aitíssimos padrões materiais, julgam que os países capitalistas ainda são capazes de um grande aceleramento do seu processo, e que, assim sendo, os países socialistas se conservarão para trás. Essa discussão contudo não interessa aqui. O fato que mais importa é que o sistema socialista de organização econômica já deu provas cabais de sua capacidade de elevar em ritmo acelerado os padrões materiais da população. Foi assim no passado, e está sendo no presente, como no caso em particular da China Popular, com seu espetacular desenvolvimento nos dez anos de regime socialista que transformaram por completo a fisionomia do país. Isso tudo é incontestado e incontestável, desfazendo-se portanto o argumento principal outrora empregado contra o regime socialista.

A argumentação anti-socialista se vem concentrando assim em outro setor, tomando aproximadamente a seguinte forma sintética: "De que servem ao homem o bem-estar e o conforto materiais, quando lhe falta a liberdade, e ele vive na opressão e escravidão disfarçada?" Com esse rumo que tomou a argumentação anti-socialista, e com a farta publicidade que a acompanha, é aquela "liberdade" de que se vangloriam as democracias burguesas, e que se alega faltar nos países socialistas, é isso que se tornou hoje o foco principal do interesse do público relativamente àqueles países. Vou pois me ocupar da questão desde logo, e com tanto mais razão que pessoalmente também me incluo no número daqueles que não somente prezam altamente a liberdade do indivíduo humano, mas querem vê-la efetivamente realizada. O que infelizmente não observo nem mesmo nas mais puras e perfeitas democracias capitalistas, a não ser excepcionalmente e em circunstâncias muito especiais.

Essa crítica ao mundo capitalista não vem contudo ao caso, e fiz menção dela unicamente para explicar porque na minha viagem pelo mundo socialista dediquei especial interesse ao assunto, e nele concentrei boa parte de minhas observações. Muito me preocupava, como me preocupo ainda com isso que parece estar no centro da problemática humana de nossos dias, a saber, a natureza dessa "liberdade" a que os homens dão tanto apreço, mas em torno da qual encontram tanta dificuldade em se acordarem. Devo aliás confessar que aquelas observações feitas nos países socialistas me permitiram considerar o problema da liberdade sob um aspecto que antes se me apresentava bastante confuso, e que hoje reputo essencial e fundamental. E é isso que procurarei desenvolver em seguida.

Parece-me que a confusão e imprecisão que usualmente envolvem o problema da liberdade, problema esse em regra muito mais *sentido* que nitidamente expresso, provém quase sempre da maneira como ele é colocado. Entre nós, isto é, nos países capitalistas, a questão da liberdade quando discutida no plano político, é considerada e analisada em função, expressa ou implícita, do dualismo "Estado e indivíduo". Ou mais precisamente, ela se propõe no terreno dos *direitos* do indivíduo na ordem jurídica, isto é, dos direitos de que gozam os cidadãos em geral, em face da ação do Estado e de seu órgão que é o Governo.

Ora, sou levado a crer que não é esse o único e nem mesmo o principal ângulo sob o qual a liberdade pode ou deve ser considerada. Isso porque para a maior parte e quase totalidade dos indivíduos, e o que é mais, em quase todas as situações e circunstâncias da vida desses indivíduos – e certamente nas mais importantes –, não é em frente ao Estado ou Governo que se propõe a questão de haver ou não liberdade para eles, a questão de serem ou não livres. Nos regimes modernos, que serviram de vestimenta política do sistema econômico do capitalismo, não é ordinariamente o Estado que no essencial da vida de cada indivíduo lhe limita a ação e o coage. Em outras palavras, nas situações mais importantes da vida dos cidadãos das democracias capitalistas, não é o Estado e seus órgãos políticos e administrativos que esses cidadãos defrontam, e que lhes embargam a ação. Foi assim antes do advento do Estado burguês e liberal, quando o regime político vigente constituía expressão do domínio de classes e categorias sociais juridicamente privilegiadas, como a nobreza em particular, que afirmavam e defendiam seus privilégios através do funcionamento daquele regime. Então sim, a liberdade dos indivíduos se achava expressa e declaradamente, isto é, por determinação legal, limitada por um poder estatal a serviço de privilégios, alheio e estranho à maioria da população e a ela sobreposta. Numa situação dessas era possível, e mesmo suficiente, aferir a liberdade dos indivíduos pelos direitos e franquias que lhes eram legalmente outorgados. Era através desses direitos e franquias, e no interior deles, que os indivíduos podiam exercer sua ação.

Nas sociedades modernas, contudo, no Estado liberal que constitui a essência da democracia burguesa caracterizada pela igualdade de todos perante a lei, e pela liberdade jurídica dos cidadãos, nessa democracia burguesa onde o Estado se acha organizado na base dos direitos iguais de todos os cidadãos, e esses cidadãos podem livremente gozar desses direitos, quem considerar e analisar o problema da liberdade individual unicamente em função das relações entre os indivíduos e esse Estado juridicamente neutro, deixa de lado o principal da questão, e que vem a ser *as limitações que o direito de alguns indivíduos traz para a liberdade de outros.*

Atente-se cuidadosamente para esse ponto. No sistema jurídico burguês, a liberdade de cada indivíduo é limitada unicamente pela liberdade dos demais. O Estado não intervém, em princípio, se não para assegurar a liberdade individual, impedindo que a liberdade *jurídica* de uns se exerça em detrimento da mesma liberdade jurídica de outros. Em suma e no essencial, os indivíduos nas democracias burguesas se apresentam cada qual em face dos demais juridicamente iguais e livres de estenderem sua ação até onde ela

O que é Liberdade

Voltaire e Rousseau: dois ideólogos da liberdade burguesa.

se chocar com a livre ação dos outros. A maior e principal parte das atividades do indivíduo se desenrola em situações como essa. Assim sendo, o limite de sua vontade e ação, limite esse determinado pela vontade e ação concorrentes de outros indivíduos, somente se poderá fixar, em regra, por acordo das partes. E é isso realmente o que ocorre. É por acordos expressos ou táticos com os demais membros da coletividade que se fixa o raio de ação de cada um, e se determina o que ele pode ou não pode fazer, a maneira como deve agir e orientar sua atividade. A observação da vida coletiva nas democracias burguesas nos mostra que a maior parte das relações entre os indivíduos, relações essas segundo as quais se pautam os atos deles, se estabelecem por acordo de vontades "livremente" consentidas, isto é, sem intervenção ou coerção exterior do Estado, da lei.

É de notar – que observamô-lo de passagem porque a coincidência é de grande interesse e altamente esclarecedora – como esse sistema se modela pelo padrão das transações mercantis, que se ajustam sempre na base do livre consentimento das partes contratantes. Não há aí, de fato, simples coincidência: a democracia burguesa não é senão a forma político-jurídica do sistema capitalista, e transpõe por isso para as relações humanas em geral a norma das relações econômicas características do sistema, que vem a ser a da transação mercantil.

Podemos com isso definir a liberdade nas democracias burguesas, ou pelo menos aquela liberdade que tem maior papel na vida dos indivíduos. Essa liberdade consiste para cada indivíduo, em última instância, no livre estabelecimento e aceitação de acordos com outros indivíduos. É até aí que vai a liberdade individual no regime burguês liberal. Todo indivíduo é livre de entrar ou não em acordo com seus semelhantes, de aceitar ou não estas ou aquelas condições, de discutir as condições propostas e apresentar as suas. Tudo isso ele fará livre de constrangimentos legais, e sem nenhuma intervenção de forças estranhas e vontades que não sejam as das partes concorrentes. E o fará em pé de igualdade com os demais indivíduos. Em frente uns a outros, todos os indivíduos são iguais.

Essa igualdade dos indivíduos na liberdade de se acordarem entre si é, contudo, uma igualdade *jurídica,* isto é, uma liberdade de direito e não de fato. Em outras palavras, o direito, a lei não intervêm. A igualdade que o Direito burguês figura é na base de uma personalidade abstrata que caberia ao indivíduo em si e destacado das situações concretas em que se encontra ou pode se encontrar.

A realidade, no entretanto, é que os indivíduos, por força daquelas situações, são muito desiguais, e são particularmente naquilo que mais contribui na fixação dos limites e do alcance da sua ação. A saber, na sua posição dentro da estrutura econômica da sociedade. Decorre daí que a liberdade de cada um variará muito, pois será função de desigualdade real existente à margem da esfera jurídica.

É interessante observar que os defensores da ordem burguesa usam o fato da desigualdade dos indivíduos para criticarem, como utópico, o socialismo que pretenderia realizar, segundo os mesmos críticos, uma igualdade impossível. "Não é praticável" – afirmam – "tratar igualmente indivíduos naturalmente desiguais", Ora, é precisamente isso que ocorre no regime burguês, que se funda numa figurada igualdade jurídica que não corresponde aos fatos reais. E é o socialismo que retifica essa posição. O socialismo, ao contrário do que se acha como opinião a respeito dele muito difundido, não é e esta longe de ser igualitarista. O socialismo (o verdadeiro socialismo, bem entendido, porque sob o rótulo socialista não faltam hoje as mais disparadas fantasias) reconhece a desigualdade, e não pretende eliminar ou desconhecer as desigualdades que são da natureza humana. A desigualdade que se procura corrigir é aquela criada pelo regime social, e sobreposta e acrescentada à desigualdade natural e biológica.

Ora, em que consiste, e donde provém, no regime burguês, essa desigualdade de natureza social? Embora a sociologia burguesa procure quanto possa disfarçar os fatos essenciais do mundo moderno, dissecando minuciosamente as mais insignificantes circunstâncias capazes de gerar alguma desigualdade entre os indivíduos (não vêm a ser isso, afinal de contas, as trabalhosas análises e dissertações da sociologia burguesa em torno do que denomina o *status* do indivíduo?), apesar disso, é por demais evidente, e por isso incontestável, que em última e decisiva instância, o que fundamentalmente determina e consagra, em regime burguês, a desigualdade entre os indivíduos, é a riqueza, o nível econômico, o que quer dizer a propriedade privada de cada um. E não qualquer propriedade, mas essencialmente aquela que implica o domínio efetivo ou potencial, direto ou indireto, sobre as forças produtivas da sociedade: sobre a terra, as máquinas, os equipamentos produtivos em geral. As fontes, em suma, donde provêm os bens exigidos para a satisfação das necessidades dos indivíduos. Essa propriedade se realiza no sistema capitalista através da apropriação do capital. E é assim nas proporções em que se distribui e reparte o capital – desde os indivíduos inteiramente privados dele, e que são os proletários, para cima – é assim que paralelamente se estrutura a hierarquia da sociedade burguesa, e se estabelecem as relações de desigualdade entre os indivíduos.

Relações essas que naturalmente vão pesar nos "acordos" acima referidos e na base dos quais se traçam os limites e se fixa o raio de ação dos indivíduos. Como vimos, o funcionamento do regime burguês, a democracia liberal, fundado como se acha na livre determinação e consentimento dos indivíduos, resulta afinal da concorrência e choque dessas vontades individuais, cada qual procurando estender no máximo a sua "liberdade" e raio de ação. A liberdade de cada indivíduo se acha assim limitada pela liberdade dos demais. Na maior e sobretudo principal parte de suas atividades, o que o indivíduo encontra pela frente, embargando e limitando sua ação, é a ação contrária e concorrente de outros indivíduos. E na concorrência que assim se estabelece, do choque e luta mais ou menos declarada e aparente, mas sempre implícita que daí resulta, fixar-se-á para cada um dos contendores o alcance de sua atuação, e portanto a esfera de liberdade que lhe cabe. Essa liberdade será portanto maior ou menor, na proporção das desigualdades entre os indivíduos.

É essencialmente nesses termos que se propõe, na democracia burguesa e liberal, a questão da liberdade individual fundada na livre determinação dos indivíduos agindo cada qual em função de seus interesses particulares. Nas discussões teóricas relativas ao problema da liberdade, a afirmação da livre determinação do indivíduo e a ausência de constrangimento exterior e superior à sua vontade levam à conclusão aparentemente justificada de que a liberdade é da essência da democracia liberal. E essa aparência é fartamente explorada pelos defensores do liberalismo burguês. Esquecem-se contudo no argumento, ou fingem esquecer, o outro lado da questão: a contrapartida da liberdade de cada indivíduo, e que é "liberdade" dos outros que a contrabalança; e que se tem por titular um indivíduo desproporcionalmente mais forte (situação que é da essência de uma sociedade em que ombreiam possuidores e não possuidores) pode anulá-la por completo, e de fato a anula. Isso é aliás expressamente reconhecido no Direito burguês, e aí estão para comprová-lo as brechas, ou diríamos melhor, as fissuras que se abrem no princípio da liberdade burguesa e livre consentimento dos indivíduos. É o que se observa, entre outros, nas relações de trabalho reguladas pela legislação trabalhista. Trata-se aí, contudo, de insignificantes exceções, que servem, mais que para outra coisa qualquer, para comprometer a coêrencia teórica das instituições democráticas liberais. No essencial e fundamental, a democracia liberal-burguesa precisa respeitar a livre determinação dos indivíduos na base de seus interesses pessoais, e deixar à concorrência natural e espontânea entre eles o ajustamento e harmonização de seus interesses respectivos. Essa é uma condição precípua do funcionamento do sistema capitalista, de que a democracia liberal não é a vestimenta jurídica e política.

Adam Smith (1723-1790) e o liberalismo econômico – a liberdade da desigualdade.

O socialismo, teoricamente, e já hoje praticamente também numa parcela considerável da humanidade, se funda em princípio diametralmente oposto. A vida social no socialismo se impulsiona não pelo antagonismo e concorrência dos indivíduos estimulados e animados por seus interesses particularistas, mas pela cooperação deles e ação em função de interesses gerais e coletivos. Isso, na perspectiva a que estamos habituados em países capitalistas, pode soar fantasioso, utópico e irrealizável, por contrariar aparentemente o que há de mais profundo na natureza humana: o estímulo do interesse individual. No entretanto, situado nos termos em que se encontra nos países do socialismo, se faz perfeitamente compreensível e natural. E o que é mais, acha-se nesses países, em suas linhas gerais, e na maior e principal parte das vezes, realizado. É essa aliás a observação e experiência mais importantes que se podem trazer de uma viagem ao mundo do socialismo.

Vejamos o assunto de perto. Em primeiro lugar, penso que não é difícil compreender, mesmo com a formação essencialmente individualista que é a nossa, que o interesse coletivo não se opõe ao interesse individual bem compreendido. Mesmo em nossas individualistas democracias burguesas, há casos, embora no conjunto excepcionais, em que o interesse coletivo é reconhecido e usualmente respeitado, embora possa momentaneamente contrariar interesses individuais particularistas. E indo ao fundo das coisas, verifica-se que é sempre, ou pode ser sempre, esse o caso. É sempre possível enquadrar os interesses de todos os indivíduos em particular, dentro do interesse geral. Em conjunto e a longo termo, um legítimo interesse coletivo se confunde com os interesses individuais. Isso pela simples razão que a vida coletiva é função, ou deve ser função do indivíduo, e não o inverso. Não há finalidades sociais independentes do indivíduo. É certo que existem concepções em que se propõem objetivos sociais estranhos ao indivíduo e superiores a ele. Entre outros, e bem próximo de nós, é desse teor, ou pretendeu sê-lo, a filosofia do fascismo. Não há todavia nada mais estranho e afastado do socialismo que essa concepção, pois para o socialismo é o *indivíduo*, e somente ele, com seus interesses e aspirações, que ocupa o centro das atenções; não constituindo a vida social senão o meio de satisfazer aqueles interesses e realizar aquelas aspirações.

Assim sendo, o interesse coletivo bem entendido e interpretado corresponde aos interesses individuais, e com eles se confundem. Não há pois nada de estranho que os indivíduos espontaneamente pautem seus atos por aquele interesse coletivo. E uma vez obtido o consenso geral da coletividade no que se refere à determinação e definição desse interesse, é possível e é mesmo conseqüência natural a cooperação de todos na consecução de um mesmo fim, que é aquele interesse coletivo que, em última instância, objetiva o interesse do indivíduo. Este agirá estimulado por aquilo que ele considera do seu interesse, porque compreenderá e estará perfeitamente ciente de que, afinal, é esse seu interesse que está em jogo. A vida social, neste caso, se poderá naturalmente desenvolver na base da cooperação de todos, em vez de o ser na do antagonismo e conflito de interesses particularistas de que se constitui a vida nas sociedades capitalistas.

A Questão se cinge, portanto, em última análise, em determinar e definir qual seja o interesse coletivo, e realizar isso de maneira a reunir o consenso geral. Nessa fase do assunto haverá naturalmente debate, divergências. Mas uma vez determinado, através desse debate preliminar, aquilo que, segundo o consenso geral, constitui o interesse coletivo, estará aberto o caminho para a cooperação de todos, pois todos objetivarão a mesma finalidade. Não haverá mais lugar para antagonismos e conflitos.

Vejamos como é possível reunir e formar o consenso geral em torno da determinação do interesse coletivo, e quais os procedimentos que conduzem a esse fim. A larga mobilização da opinião pública, em proporções que se desconhecem por completo nas mais perfeitas democracias burguesas; a audiência geral concedida a todos cidadãos, não só àqueles que espontaneamente e por iniciativa própria desejarem se manifestar sobre as questões em foco, mas também dos demais que são ativamente estimulados para também intervirem no debate, ou pelo menos para o acompanharem com atenção, compreensão e interesse; a estruturação dada aos órgãos políticos e administrativos, e em geral a todas as organizações para que se torne possível que amplo debate e manifestação universal do pensamento, tudo isso constitui alguns dos traços essenciais das instituições do socialismo.

Iremos vendo isso por partes, mas o fato mais importante para nós aqui é a existência, nos países socialistas, de um consenso geral em torno do que constitui em cada caso o interesse coletivo. Esse interesse, os objetivos que nele se propõem e os meios de os realizar são universalmente reconhecidos; como é também reconhecido que o mesmo interesse constitui a mais perfeita e adequada expressão do interesse bem compreendido de cada indivíduo em particular. Esse indivíduo se subordina, assim, sem oposição, às normas conducentes aos objetivos gerais assim fixados, mesmo que momentaneamente essas normas aparentem chocar-se com o que, numa perspectiva imediata e de menor alcance, poderia ser considerado o seu interesse individual.

Considere-se essa situação na perspectiva da questão da liberdade individual (que é o problema que nos ocupa no momento). Não é difícil compreender que em tal situação o indivíduo necessariamente se sentirá livre; e será de fato livre em proporções desconhecidas nas democracias burguesas. Realmente, é o interesse coletivo, que o indivíduo reconhece e aceita como próprio, e somente esse interesse que lhe limitará a liberdade e fixará o seu raio de ação. Será na base do mesmo interesse que se traçam as normas reguladoras de sua atividade. Ao se determinar, o indivíduo o fará, no fundamental e essencial de sua vida, dentro de um sistema de diretrizes e normas inspiradas no interesse coletivo que ele conscientemente aceita como seu próprio. Aceitará, portanto, aquelas normas, e segundo elas pautará a sua ação. Não se poderá assim sentir constrangido, porque não haveria como nem porque se determinar diferentemente. Não se propõem ordinariamente para ele interesses particularistas e especificamente pessoais, e por isso não se apresentam também para ele normas de ação próprias e distintas daquelas propostas dentro do sistema geral de vida coletiva da qual ele participa e em que todos os indivíduos cooperam em conjunto. A ação do indivíduo não se subordina, assim, nunca a interesses e vontades estranhas, e sua liberdade, portanto, nunca é sacrificada ou coarctada, como se dá a todo momento na democracia burguesa, por vontade e pretensões de outros indivíduos.

Observemos, para ilustrar as considerações acima, como concretamente isso se verifica na situação que mais de perto diz com a vida do indivíduo. Refiro-me às suas relações de trabalho. E em função dessas relações que, direta ou indiretamente, transcorre uma parte considerável da vida do indivíduo, que se realizam suas atividades e se organiza sua existência. Assim, é fácil, pela maneira e nas circunstâncias em que se estabelecem as relações de trabalho, aferir a soma de liberdade que o indivíduo usufrui respectivamente nas democracias burguesas e no socialismo. Para a grande maioria dos indivíduos que nas sociedades modernas, sejam de que tipo forem, são necessariamente empregados e assalariados – e isso tende a se acentuar com o progresso tecnológico, não havendo como fugir daí, a não ser voltando para o passado, o que naturalmente devemos excluir –, as relações de trabalho incluem o indivíduo em coletividades numerosas onde por isso mesmo se fazem necessárias normas rigorosas que interferem em praticamente todos os atos do indivíduo e nas condições de sua existência. Isso desde a distribuição de seu tempo, até a determinação e fixação da soma de bens e nível de vida que há de usufruir. O que quer dizer, daquilo que poderá ou não poderá ter, daquilo que poderá ou não fazer.

Ora, no capitalismo, não é preciso insistir no fato evidente que o poder e a força decisivos no estabelecimento daquelas normas que tão fundamente interferem nas atividades do trabalhador e dispõem sobre seu programa de vida, são de natureza privada e se estabelecem em função de interesses e finalidades estranhos ao mesmo trabalhador. É a empresa onde se engaja que tem a voz principal no assunto. É certo que as condições de trabalho são em princípio decididas de comum acordo, e ambas as partes têm a liberdade de as debater e de as aceitar ou não. Mas é aí como em tudo mais na democracia burguesa e no seu sistema econômico que é o do capitalismo: à igualdade de direitos se sobrepõe a desigualdade de fato, que no caso se exprime no enorme desnível entre empregadores que dispõem da iniciativa e propõem as condições de trabalho, e doutro lado os empregados, aos quais não cabe mais que opor restrições e emendas, mas aceitando afinal a decisão do empregador, ou indo procurar outro emprego onde situação idêntica se repete. E qualquer que seja o acordo, é claro que sempre a livre determinação do trabalhador se encontra nele limitada por interesses e conveniências alheios, por vontade estranhas e antagônicas. Na medida em que isso ocorre, a sua vontade se acha evidentemente coarctada.

No socialismo, a situação é bem diversa, pois as relações de trabalho são ditadas não por interesses e conveniências de particulares, e sim se regulam exclusivamente em função de interesses gerais e coletivos do país tomado em conjunto, da comunidade inteira da qual os trabalhadores também participam, a título aliás de categoria principal, e de que são por isso solidários. Não interfere no assunto, nenhum interesse privado e estranho aos interesses dos próprios trabalhadores. Nem poderia ser de outra forma, pois o Estado socialista, gestor das atividades econômicas e regulamentador delas, é o representante daqueles mesmos trabalhadores, e é deles, e somente disso, que pode cuidar.

Mas, costumam nesta altura alegar os adversários do socialismo, não se transforma assim o Estado em empregador único, monopolizando com isso uma função e um poder que, no capitalismo, embora considerável, ao menos se distribui por uma infinidade de pessoas, e assim se enfraquece? Efetivamente, visto na perspectiva burguesa, o Estado empresário econômico não se distingue essencialmente de qualquer empregador privado. O chamado "socialismo de Estado", que, em maior ou menor escala, é praticado em diferentes países capitalistas, o comprova. E se o Estado socialista fosse da mesma natureza que o Estado burguês, o argumento seria procedente. Mas o Estado socialista se distingue fundamentalmente do Estado burguês, tanto nos seus objetivos, como na sua estrutura e funcionamento.

Mesmo contudo sem por enquanto considerar esse aspecto da questão, é preciso notar que o conceito de "empregador único" no sentido que lhe podemos dar, isto é, figurando todos os empregadores de um país reunidos numa só pessoa, esse conceito não se aplica ao sistema em que se estruturam as empresas e organizações econômicas dos países socialistas. É que essas empresas e organizações gozam cada qual de individualidade própria e de larga autonomia. A intervenção propriamente estatal se apresenta unicamente sob forma *legal,* isto é, na regulamentação e estabelecimento das normas gerais do funcionamento da economia nacional em conjunto. Não há na ação econômica do Estado nada de particularista e específico no que concerne às empresas em particular. Assim (para citarmos o exemplo que nos interessa agora em especial), o engajamento de trabalhadores, sua dispensa, as condições de trabalho em geral, são tratados pelas empresas com absoluta autonomia – dentro naturalmente, e respeitando-a, da ampla legislação que regula as relações de trabalho, cujo cumprimento é rigorosamente fiscalizado e controlado pelas organizações sindicais, além de outros órgãos políticos e administrativos, como em particular o Partido Comunista. Mas afora isso, as empresas, por suas direções respectivas, agem da maneira que julgam conveniente aos interesses da produção, tal como faria uma empresa capitalista; e os órgãos estatais não interferem diretamente na matéria.

Não vamos entrar aqui nos pormenores da estrutura e funcionamento das organizações econômicas dos países socialistas. Assunto aliás complexo e bastante variado. Para o que nos toca, o essencial é que o trabalhador socialista não enfrenta, nas suas relações de trabalho, nada que se assemelhe a um "empregador único", e muito menos (como se insinua na crítica referida) um empregador que seria como um capitalista que detivesse o monopólio de todas as atividades econômicas do país. O trabalhador nos países socialistas se relaciona com organizações que, embora concentradas nas mãos do Estado, constituem entidades distintas e autônomas; e que se regem por normas ditadas não pelos interesses privados de proprietários, e sim por interesses de ordem geral que dizem respeito a todo país e sua população.

Não há pois justificação alguma para a equiparação, ou mesmo simples assemelhamento do Estado socialista e a figura do empregador no capitalismo. Nem mesmo quando esse empregador é uma entidade pública, como o Estado. Considere-se, por exemplo, a maneira pela qual se determina respectivamente, no capitalismo e no socialismo, esse elemento principal das relações de trabalho que é a remuneração do trabalhador, o salário. No capitalismo, onde a força de trabalho é mercadoria como outra qualquer, o nível de salários se determina no mercado de trabalho através do regateio entre empregadores e empregados, e se fixa na base da oferta e procura. Em suma, resulta da concorrência e antagonismo de empregadores que esperam pagar o mínimo, e empregados que procuram alcançar o máximo. A lei, mesmo nos países capitalistas de mais avançada legislação social, traz algumas pequenas restrições ao livre acordo e consentimento das partes (como o salário mínimo). Mas essas restrições não alteram o essencial e fundamental do assunto. Nem podem fazê-lo, porque isso seria contrariar a própria natureza do sistema capitalista.

No socialismo não há mercado de trabalho, pois a força do trabalho não constitui aí mercadoria cujo preço se determina e fixa em função da oferta e da procura. A remuneração do trabalhador não representa um "preço" pelo qual um capitalista compra e adquire a *força* do trabalho que necessita para obtenção do objetivo que tem em vista como capitalista: o seu lucro. A remuneração do trabalhador é no socialismo a participação no produto social a que ele faz jus na sua qualidade de membro da sociedade. Como membro da sociedade socialista, o indivíduo adulto e válido é obrigado a trabalhar, sendo o trabalho a condição precípua de sua participação na vida social. *Quem não trabalha não come*, é o princípio básico do regime socialista. Princípio esse a que corresponde, como contra partida natural e necessária, *o direito ao trabalho,* isto é, a obrigação imposta à coletividade de assegurar a todo indivíduo ocupação e trabalho de acordo com suas aptidões.

Assim o fato de trabalhar constitui nos países socialistas uma atividade necessária e normal do indivíduo, inseparável de sua posição legal e participação na vida coletiva do país. Não se trata simplesmente, como nos países capitalistas, de um fato da livre vontade de cada um, de uma livre opção. Falta pois à *força* de trabalho, nos países socialistas, a característica essencial das mercadorias: a livre disposição delas, o que implicaria no caso a faculdade de não trabalhar. Essa faculdade não existe no socialismo; o trabalho constitui atividade obrigatória. Por conseguinte, a remuneração do trabalhador deixa de ser, como no capitalismo, o pagamento de um bem econômico alienado pelo indivíduo, para tomar a forma de participação dele no produto social, a título de membro da coletividade e nela integrado como trabalhador que é.

Não há assim, no socialismo, relação direta e imediata entre o trabalho fornecido e a remuneração obtida. O trabalho constitui obrigação elementar imposta a todos; a remuneração, direito derivado da qualidade de membro da coletividade. O montante da remuneração não deveria portanto, a rigor, se relacionar com a quantidade e qualidade de trabalho fornecido. E assim é, efetivamente, ou antes será, na fase mais elevada do socialismo, no *comunismo*, onde a norma é "de todos segundo suas possibilidades, a todos segundo suas necessidades". Isso não constitui simples utopia projetada num futuro imprevisível, mas já se encontra implícito em algumas instituições vigorantes nos países socialistas. Assim na parcela proporcionalmente crescente dos recebimentos do trabalhador que independem do trabalho fornecido, e que lhe são atribuídos sob forma de benefícios gratuitos a que todos fazem jus em igualdade de condições, como sejam educação, assistência social, repouso e férias em estâncias climáticas e especializadas, etc. Mesmo a habitação entra de certo modo nesse sistema de distribuição igualitária dos bens econômicos.

No que se refere à fase atual do socialismo, a remuneração de cada um ainda é na proporção da contribuição que seu trabalho faz para a coletividade. "A cada um segundo seu trabalho", é o outro princípio fundamental do regime, a par do citado acima, e em que se inclui a obrigação do trabalho. Trata-se de um sistema provisório imposto pelas contingências da fase de transição do capitalismo para o socialismo integral, ou seja, o comunismo. Como se avalia e calcula aquele trabalho? Como é estimada a contribuição que o trabalho e esforço produtivo do indivíduo trazem para a coletividade? Não podemos aqui entrar nos pormenores de um assunto naturalmente muito complexo, pois não é simples a avaliação relativa de tipos de trabalho qualitativamente muito diversos. Em muitos casos não existe mesmo para isso nenhum critério aproximadamente seguro. Faz as suas vezes uma escala de valores estabelecida mais ou menos empiricamente, escala aliás flexível e variável que se vai permanentemente constituindo e remodelando em função das necessidades do momento e a experiência coletiva. O importante para nós, aqui, é que essa escala de valores não representa uma imposição arbitrária, mas se elabora pelo consenso geral, e pelo menos nas suas linhas gerais reúne esse consenso. Os padrões de remuneração do trabalho são nos países socialistas bem variados, mas essa variedade de níveis é generalizadamente admitida e aprovada. E é isso que fundamentalmente importa. Por exemplo, uma das atividades mais bem pagas na União Soviética, a dos acadêmicos – o mais elevado escalão na carreira de cientista – tem seu salário fixado em cerca de trinta vezes o salário mínimo*. Ora, não existe um critério rigoroso para afirmar que o trabalho de um acadêmico "vale" trinta vezes mais que o de um trabalhador não qualificado. Mas esse apreciável desnível, como qualquer outro estabelecido pelos costumes, e legalmente consagrado, é generalizadamente justificado, como tive ocasião de comprovar através de muitos depoimentos. Se alguém, contudo, ou lima categoria de cidadãos desfavorecidos por essa diferença, pretender discuti-la, poderá fazê-lo a qualquer momento através dos amplos meios que o regime põe à disposição da opinião pública. E se as alegações apresentadas pelos reclamantes tiverem procedência e encontrarem eco na opinião pública, as modificações não se farão esperar. É aliás o que ocorreu recentemente na União Soviética, com relação precisamente aos acadêmicos, que tiveram, em conseqüência de largo debate sobre o assunto, seus vencimentos reduzidos.

O que devemos sobretudo salientar, é que um trabalhador, ou grupo de trabalhadores, enfrenta nessa questão do nível de seus salários, não um empregador e as contingências e vicissitudes de um mercado de trabalho, e sim um sistema geral estabelecido para todo país, no qual se regula de forma inteiramente objetiva – isto é, livre de opiniões e decisões

---

* Dados de 1960.

individuais e diretamente interessadas na pendência – a maneira de avaliar o trabalho, qualitativa e quantitativamente, em termos monetários. Assim a questão de salários não diz respeito unicamente às partes diretamente interessadas – o trabalhador e a empresa ou organização onde trabalha –, e sim à opinião pública do país, em geral, e o sistema estabelecido de remuneração do trabalho que corresponde àquilo que é tido e aceito pelo consenso geral como representativo do interesse coletivo. Transfere-se, assim, o debate em torno do assunto, quando, ocorre, para o plano desse interesse, prevalecendo ou não o estabelecido, conforme se manifestar a opinião pública, seja no sentido de manter, seja no de alterar, os padrões estabelecidos. E assim o trabalhador, mesmo quando contrariado nas suas pretensões, o será na base de um interesse geral, e não de vontades e decisões individuais e particulares.

Essa é apenas uma instância de como funcionam as instituições socialistas, e qual é nelas a posição do indivíduo. A vontade, as aspirações e a ação dele não encontram nunca outro limite que o estabelecido pelo consenso geral do país, e não é condicionado se não pelo interesse coletivo tal como é interpretado e definido naquele consenso. Não constitui isso uma liberdade muito maior que a das democracias burguesas, onde as atividades e aspirações do indivíduo se acham sempre condicionadas por interesses particularistas que lhe são alheios, e em geral mesmo contrários?

Pelas lentes do marxismo a viabilização da liberdade.

Muitos críticos do socialismo não vêem as coisas assim, e, pelo contrário, parece-lhes que essa subordinação permanente do indivíduo, em todas as situações em que se possa encontrar, à coletividade e às normas e regras de ordem geral que não se podem modificar por simples vontades e decisões individuais, isso lhes parece que representa para o indivíduo um constrangimento insuportável, e tira dele toda liberdade de movimentos. Ele se transforma, dizem os mesmos críticos, num autômato, conduzido por forças estranhas que, embora representem uma coletividade a que ele pertence, nem por isso são menos pesadas e coativas.

Essa crítica me parece que deriva de uma falsa perspectiva do mundo burguês em que vivemos, mundo esse que serve aos referidos críticos de ponto de referência e confronto com o que se passa no mundo do socialismo. É uma ilusão – ilusão permanentemente insuflada por pensadores burgueses de todos os matizes, mas que nem por isso é menos ilusão – isso que no mundo burguês o indivíduo conserva uma esfera própria de vontade e de decisões em que é soberano; e em que o meio social não comprime e pressiona de todos os lados e a todos os momentos, impelindo-o por vias predeterminadas pela ordem social estabelecida. Essa ilusão provém do fato que, em princípio e teoricamente, o indivíduo é sempre livre de fazer ou deixar de fazer o que entende (salvo unicamente limitações relativamente pequenas), e que se ele age e se determina por esta ou aquela forma, isso é de sua livre vontade, podendo, se quisesse, agir diferentemente. É o que nos ensina a filosofia do livre arbítrio, e com tanta maestria que se tornou, no mundo burguês, generalizadamente aceita.

Certamente, em princípio e teoricamente, é assim, e sempre, a rigor, existem para o indivíduo diferentes alternativas por onde conduzir a sua ação. Mas, de fato, essas alternativas se propõem de tal maneira que a escolha se faz, na maior parte dos casos, uma necessidade, uma imposição da qual não há como fugir. Um indivíduo pode naturalmente recusar-se a trabalhar para outrem e se pôr a serviço de interesses alheios e completamente estranhos; ou pode não aceitar as condições que lhe são propostas. Ele é "livre" de assim se decidir. Mas essa alternativa o poderá levar, conforme o caso, a uma situação tal que deverá ser necessariamente excluída, Em que fica então a sua "liberdade"?

É precisamente isso que ocorre no regime burguês. As coisas são organizadas e dispostas de tal modo, à revelia do indivíduo, que, embora se lhe assegure a liberdade de escolha, essa escolha já se encontra predeterminada pelas conseqüências inaceitáveis para ele que decorrem da adoção de uma alternativa que vai de encontro ao estabelecido numa ordem social predisposta por interesses particularistas. O indivíduo nem sempre é perfeitamente consciente disso, e atribui a coerção indireta e implícita, numa situação que sofre, a circunstâncias ocasionais. Não se apercebe – pois não foi preparado para isso, antes muito pelo contrário – que ela é da própria natureza do regime capitalista. Em suma, o indivíduo vive, na democracia capitalista, permanentemente coagido, e, embora não se ache disso advertido, a maior e principal parte de seus atos são dirigidos por normas gerais tanto ou mais rigorosas que as do socialismo. A diferença é que não são ditadas, como no socialismo, por interesses gerais, e não se impõem pelo consenso universal; e sim derivam de interesses privados e particularistas. E se aquela coação não é sempre claramente perceptível, isso se deve a que as normas coativas de sua vida e atividades não se acham expressamente formuladas, e se impõem sub-repticiamente através de situações em que se disfarçam por efeito do sistema implícito no regime capitalista.

Mas, continuam os críticos burgueses, esse interesse coletivo, essas normas de interesse geral, esse consenso social a que se referem os socialistas, se acham representados por uma entidade separada do indivíduo e estranha à sua personalidade: o Estado. E o Estado, embora agindo em nome e por conta da coletividade a que o indivíduo pertence, mas que com ele não se confunde, se faz afinal como um estranho onipresente em todas as circunstâncias de sua vida. Um tutor que acompanha todos os seus passos, e os dirige. Isso, continua o argumento, constitui constrangimento permanente que tira do indivíduo qualquer espontaneidade e livre determinação. Tanto mais que o Estado age e tem de agir através de pessoas físicas muito concretas e sentidas que são seus representantes e agentes.

Para bem esclarecer esse ponto, seria preciso discutir a natureza e funcionamento do Estado socialista, que se distingue profundamente do Estado burguês.

Mas o certo é que a observação do que se passa nos países socialistas absolutamente não autoriza a conclusão de que neles se vive sob a vigilância e controle permanentes de autoridades mandonistas e atrabiliárias, como pretendem muitos críticos burgueses. O indivíduo se sente inteiramente livre, embora sujeitando-se a normas de comportamento que aceita porque não há de fato razão para não as aceitar. Essas normas, como vimos, são ditadas pelo consenso geral, e visam interesses gerais universalmente reconhecidos. O indivíduo não obedece aí a ordens e determinações que vêm de fora, que lhe são alheias e estranhas, e sim se enquadra num sistema geral de vida e sincroniza com ele seus atos. Sistema esse em cuja compreensão foi educado e que aceita por estar perfeitamente consciente de que é aquele que mais lhe convém.

Estamos assim longe, muito longe, daquela imagem de um Estado perquiridor e policial em que abunda uma certa crítica anti-socialista. Aliás muito menos hoje em dia que no passado, pois essa crítica já não tem o mais leve fundamento ou aparência de verdade. Houve uma fase preliminar da construção do socialismo em que o regime se mostrou de fato extremamente severo. Nem podia ser de outro modo. Foi a época revolucionária e de transformação precipitada e violenta, quando o regime enfrentou, tanto interna como externamente, adversários muito fortes e decididos a tudo, explorando a fundo as graves dificuldades em que o socialismo se debatia. O que era tanto mais fácil porque o socialismo ainda constituía uma incógnita, e não contava ou contava com muito poucas comprovações de sua potencialidade e capacidade de organizar a vida coletiva em novas bases que assegurassem o bem-estar de todos e perspectivas de progresso. Para se defender nessa grave conjuntura, o regime teve de lançar mão de processos à altura da oposição que sofria e da árdua luta pela sobrevivência em que se achava empenhado. E tais processos levaram muitas vezes, como não podiam deixar de levar, a repressões violentas. Mas tanto isso não era, como não é da essência do socialismo, muito pelo contrário, que essa fase passou completamente na generalidade dos países socialistas, a começar sobretudo pela União Soviética. E nunca existiu na China Popular. Passou precisamente quando o socialismo superou as debilidades e a falta de experiência características de todo início de tão profunda transformação como é a revolução socialista; e tendo amadurecido, pôde evidenciar sua verdadeira feição e comprovar o que realmente representava. Já aí não precisou de mais nada que a simples afirmação de si próprio. Em outras palavras, o socialismo, no dia em que se pôde efetivamente realizar e exibir em toda plenitude, não encontrou mais força ponderável que lhe fizesse frente. E dispensou com isso as defesas de que se armara numa primeira fase de incertezas. Aliás, o prestígio, a força e coesão interna do socialismo se evidenciaram e comprovaram além de qualquer dúvida quando ele destroçou e esmagou, pela forma que o fez, o poderoso inimigo nazista.

A severidade e violência que acompanharam no passado a implantação do socialismo nada têm assim a ver com a natureza do regime. Apesar de ainda cercados de um mundo capitalista hostil que não se conforma com a existência e presença do socialismo, apesar das provocações de toda ordem de que são vítimas – a virulenta propaganda anticomunista generosamente subsidiada que se despeja nos países socialistas entre outros meios através do rádio e da infiltração de agentes sabotadores – apesar disso, e de muito mais, os países socialistas já hoje consolidaram e estabilizaram inteiramente sua vida, e os aparelhos especiais de repressão interna desapareceram por completo. Tem-se neles a mais total liberdade de movimentos, e não há sinais de quaisquer restrições além das ordinárias e normais que se encontram em qualquer outro lugar. Percorri longamente a União Soviética e a China Popular, visitando as mais variadas e remotas regiões, e nada notei, absolutamente nada, que denotasse nem mesmo vigilância policial apreciável. Certamente muito menos que em qualquer país capitalista. Afora agentes aduaneiros e guardas nos aeroportos de entrada e saída do país (porque nos outros nem isso observei), não vi na União Soviética e China Popular mais que inspetores de trânsito. Sendo que na China esses inspetores são freqüentemente jovens sem o menor constrangimento por toda parte, e nem mesmo a minha presença inconfundível de estrangeiro foi jamais especialmente notada.

A esses sinais externos e diretamente perceptíveis da liberdade que reina nos países do socialismo, acrescem as perspectivas que as instituições desses países oferecem aos indivíduos para se realizarem e exprimirem sua personalidade. Aquilo que nos países capitalistas é usualmente reservado a muito poucos, é nos países socialistas universalmente acessível. E não se trata apenas de uma possibilidade, mas de um estímulo e solicitação permanentes para o aproveitamento máximo dessa possibilidade.

Veja-se, por exemplo, o que ocorre no terreno da liberdade de expressão do pensamento, oral e escrito. Nada há nos países capitalistas que mesmo de longe se compare com o que a respeito ocorre na União Soviética. Nas democracias burguesas existe, não há dúvida, o "direito" de livre manifestação do pensamento. Mas nisto, como em geral naquelas democracias, trata-se de um direito abstrato, muito mais de princípio que de fato, porque para a generalidade dos indivíduos não existe nem remotamente a possibilidade de exer-

O que é Liberdade

citarem esse direito. Realmente, quantos são aqueles que, mesmo nas mais desenvolvidas democracias capitalistas, encontram a oportunidade para se exprimirem, seja oralmente, e muito menos por escrito, fora de reduzidíssimos círculos familiares ou de amigos? Qual é a audiência ao cidadão médio das democracias capitalistas? Quando um cidadão tem algum motivo de queixa, ou quando lhe pode eventualmente interessar, ou quando simplesmente sente necessidade de expressar seu modo de pensar a respeito de qualquer assunto, que oportunidade lhe oferece para isso a mais perfeita democracia capitalista? Deixo a resposta aos sociólogos e juristas do mundo burguês que, ao que me consta, nunca encararam o problema da liberdade de manifestação do pensamento sob esse prisma. E não se lembraram dele certamente porque nunca tiveram ocasião de observar o direito de livre expressão e manifestação do pensamento sair dos textos doutrinários e legais, bem como reduzidíssimos círculos que nas democracias capitalistas gozam *de fato* desse direito, sair para a rua, para toda parte, e se encarnar efetivamente em todo e qualquer cidadão.

É isso precisamente que se dá nos países socialistas. As suas instituições são organizadas de tal maneira que todo cidadão encontra não só a oportunidade para exprimir seu pensamento a respeito de qualquer assunto, intervir em qualquer debate que verse sobre questões de ordem geral, como ainda é permanente e insistentemente' solicitado para isso. Seja oralmente, seja por escrito, ele sempre encontra como e onde se manifestar e ser ouvido, e é estimulado para fazê-lo. Isso se deve, em primeiro lugar, à intensidade da vida coletiva que caracteriza os países socialistas, e que resulta entre outros na escala em que nesses países os cidadãos se reúnem para o debate em comum de todas as questões de interesse geral, desde os mais insignificantes problemas de vizinhança e do bairro que habitam, até os assuntos de ordem nacional e internacional. Esse procedimento é insistentemente estimulado em todas as esferas da vida dos países socialistas, não se admitindo por princípio que a formação de opiniões e a tomada de decisões em qualquer assunto, seja qual for a sua magnitude, se processem de outra maneira que através de amplas discussões e larga participação popular. Encontra-se profundamente arraigada nos países socialistas a convicção de que é da ação consciente dos indivíduos e na base do consenso geral deles, que se obtêm os melhores resultados práticos na consecução dos objetivos fixados. Assim, tanto na determinação desses objetivos, como na dos meios para os atingir, e das tarefas específicas que devem caber a cada um, procede-se sempre a uma ampla mobilização de todos que direta ou indiretamente se acham interessados ou envolvidos na matéria. Consegue-se assim, através do debate e do ajustamento progressivo das opiniões antes divergentes e que se vão esclarecendo e completando mutuamente, tendendo assim para a harmonização, consegue-se um assentimento generalizado que faz possível, em seguida e na ação prática, a cooperação ativa e não raro entusiástica de todos.

É claro que, em circunstâncias como essas não faltam a ninguém oportunidades as mais amplas para a manifestação e expressão de suas idéias próprias. Tanto oralmente (nas reuniões de toda espécie de organizações a que, em grande número, sempre pertence qualquer cidadão socialista, ou a maioria deles), como por escrito, todo mundo encontra sempre ocasião para se externar. A imprensa tem ar naturalmente um grande papel. Uma imprensa de tipo bem diferente daquela que se encontra nos países capitalistas onde ela é geralmente constituída, como não se ignora, de grupos fechados de jornalistas profissionais que interpretam a seu modo, quando interpretam (porque freqüentemente se limitam a reproduzir o que lhe é ditado), as opiniões dos reduzidos círculos de interesses a que se acham direta ou indiretamente ligados e subordinados. Bem diferente disso, está-se realizando nos países socialistas a velha aspiração de Lênin, segundo a qual em todos os órgãos da imprensa houvesse "para cada cinco jornalistas profissionais, quinhentos ou mesmo cinco mil não profissionais". Na União Soviética, por exemplo, mais de cinco milhões de correspondentes amadores colaboram efetiva e regularmente nos jornais, revistas, emissões de rádio e, televisão. Um número desses parece inconcebível, mesmo em país das proporções da União

Soviética. Mas explica-se facilmente. Além dos jornais regulares, que são em número considerável em todos os recantos do país, e que abrem generosamente suas páginas à colaboração do público, existem os periódicos editados pelo pessoal das empresas, escritórios, repartições públicas, estabelecimentos de ensino, etc. Todas as organizações de certo vulto editam o seu jornal. Ainda há os jornais murais, datilografados ou mesmo simplesmente manuscritos que se afixam nas dependências mais freqüentadas das organizações: oficinas, escritórios centrais das cooperativas agrícolas, escolas, hospitais... Há em Moscou mais de 30 000 desses jornais murais que se editam todas as semanas ou todos os dez ou quinze dias. Quem visita qualquer empresa ou instituição de certo vulto na União Soviética terá por certo sua atenção chamada para esses jornais murais que, a par do noticiário interno da organização, encerram toda sorte de inserções, desde comentários políticos até anedotas, desenhos, caricaturas, poesias...

O vulto e importância atribuída ao jornalismo amador na União Soviética são tais que existem numerosas escolas de "correspondentes", e esses já se reúnem regularmente em congressos regionais. Não é meu intuito aqui, todavia, trazer pormenores sobre o assunto, que no momento nos interessa unicamente como sinal da larga oportunidade que se oferece nos países socialistas para a expressão do pensamento. Se isso não é liberdade, e liberdade de fato (e não apenas de direito, para a grande maioria e quase totalidade dos cidadãos, como ocorre nos países capitalistas), será difícil dizer em que consiste a livre expressão do pensamento. Não é evidentemente possível a nenhum governo ou autoridade, nem se pode conceber essa possibilidade, controlar, se quisesse, uma tão abundante literatura e seus autores, ou policiar as infinitas reuniões em que praticamente em permanência, sempre se encontra agrupada uma parcela apreciável da população. Os regimes políticos que pretendem restringir e coarctar a livre expressão do pensamento (haja vista as ditaduras fascistas de que Portugal e Espanha exibem ainda amostras) começam sempre por limitar e submeter a rigoroso controle os órgãos de publicidade, e embaraçar a livre reunião e associação. É precisamente o contrário, como acabamos de ver, que ocorre nos países socialistas, onde a ampla discussão coletiva de todos assuntos de interesse geral faz parte essencial do funcionamento das instituições, e a publicidade escrita ou através do· rádio e a da televisão é ativamente estimulada com o objetivo de se obter a participação nela de um número sempre crescente de cidadãos. Num sistema como esse, não se concebe que alguém se veja privado de exprimir seu pensamento, e se sinta constrangido. A não ser, evidentemente, que esse pensamento aberre de tal maneira do sentir geral que encontre pela frente a repulsa universal. Nesse caso, contudo, o constrangimento partiria dessa repulsa, e não especificamente dos órgãos do poder público.

Seria naturalmente assim para quem pretendesse divergir das instituições sociais e políticas fundamentais do regime. Esses naturalmente estariam impedidos de se manifestar. É essa aliás uma alegação que freqüentemente se faz contra o regime socialista nos países capitalistas. Enquanto nestes últimos nos democraticamente organizados pelo menos – é possível à crítica do capitalismo e suas instituições, o mesmo não ocorre nos países socialistas relativamente ao sistema econômico, social e político neles dominante. A razão da diferença, contudo, é simples. Nos países socialistas existe praticamente uma unanimidade, ou pelo menos uma quase totalidade, em torno das instituições vigentes, e seria mesmo estranho que assim não fosse. O restabelecimento do capitalismo e da propriedade privada dos meios de produção significaria a entrega da terra, das fábricas, das minas, de todo aparelhamento produtivo a particulares, para que o explorassem em proveito próprio. É por isso concebível, e poderia ser uma tal idéia aceita, mesmo para simples debate, pela grande maioria dos cidadãos, a sua quase totalidade que naturalmente não poderia ser contemplada naquela redistribuição da propriedade privada? Para as novas gerações educadas e formadas no socialismo, que na União Soviética já constituem hoje a imensa maioria, a noção da propriedade privada dos meios produtivos é qualquer coisa de inteiramente estranho, esdrúxulo, modernamente inconcebível, tanto como a prestação de serviços remunerados para particulares, o salariato capitalista. Essas instituições são para o cidadão soviético médio o que para nós constituem a escravidão, a servidão da gleba ou a propriedade feudal: fatos históricos para sempre ultrapassados. Ninguém poderia séria e honestamente defendê-los em nossos dias e pleitear seu retorno.

Nos países capitalistas a situação é totalmente diversa. Neles, ao contrário dos países socialistas, uma minoria de possuidores enfrenta a maioria dos destituídos. Basta isso para mostrar as frágeis bases sociais em que assenta o capitalismo; e sua insegurança logo que a grande maioria dos não possuidores se torna consciente que é possível um regime e sistema econômico e social de vida em que não exista tal diferença. Não é possível por isso abafar nos países capitalistas, a não ser por processos de extrema violência de que o fascismo constitui o exemplo mais flagrante, a voz daqueles que em número crescente vão compreendendo que o capitalismo não representa o regime ideal para a grande maioria, maioria essa que se encontra situada em tal regime em situação de manifesta e irreparável inferioridade econômica e social. O aparente liberalismo das democracias capitalistas não é senão expressão das concessões que minorias privilegiadas e dirigentes são obrigadas a fazer à maioria material e moralmente inferiorizada.

Não é preciso insistir num ponto que acredito só não compreende quem positivamente não quer compreender, e é o cego do provérbio: aquele que não quer ver... Passemos pois a outras liberdades essenciais ao indivíduo e maneira como se realizam no socialismo. E aqui, depois da liberdade de manifestação do pensamento, naturalmente logo ocorre a liberdade de escolha do modo de vida de cada um da ocupação e profissão que cada qual há de escolher. Também nesse terreno, com a liberdade de direito consagrada nas democracias burguesas, contrasta nos países socialistas uma liberdade de fato e real. Na democracia burguesa assiste a todos o direito de livremente escolherem suas ocupações: todos são iguais em face da lei, não há privilégios juridicamente consagrados, e todo indivíduo, dependendo de sua capacidade, pode ocupar qualquer posição e escolher aquela que melhor corresponda a suas preferências e aspirações.

Se é contudo assim em princípio e teoricamente, sabemos muito bem, ou sabem muitos, a grande maioria, que não é assim na realidade dos fatos. A capacidade do indivíduo, as qualidades naturais de que ele é dotado, dependem sempre, para se desenvolverem e produzirem seus frutos, de circunstâncias favoráveis – salvo apenas, talvez, em casos excepcionais e extremos que não precisam por isso ser levados em conta. Às aptidões naturais de que o indivíduo dispõe, é preciso acrescentar sempre a oportunidade favorável que lhe é oferecida para que delas se possa valer. E cada vez é mais assim, pois a civilização e o progresso da cultura humana tornam sempre mais importantes e decisivos os elementos e fatores acrescentados na educação e formação do indivíduo, àquilo que lhe provém da simples natureza. E essa contribuição tão importante que a vida traz à complementação dos dotes naturais que o indivíduo já traz do berço, depende das oportunidades com que ele se depara no curso de sua existência. Ora, essas oportunidades, escusado dizê-lo, são na mais perfeita e pura democracia burguesa muito desigualmente distribuídas. E é assim necessariamente, e não em conseqüência de vícios sanáveis, porque a estrutura de classes que é da essência do capitalismo assim dispõe as coisas. Não é possível, por mais que se aprimorem as instituições democráticas dos países capitalistas, colocar todos os indivíduos, a partir do berço, em situação de perfeita igualdade de fato, de maneira a que na discriminação e diferenciação deles atuem unicamente distinções naturais, a saber, as qualidades e aptidões que trazem ao nascer.

É isso precisamente que se está realizando nos países do socialismo, e é o que constitui um dos objetivos essenciais do regime. A condição básica para alcançá-lo, e que vem a ser a eliminação das diferenças de classe, já é um fato. Ninguém mais, como no capitalismo, nasce capitalista ou trabalhador, patrão ou empregado. Já não existe essa diferença irremovível no regime capitalista, e que representa a principal fonte da desigual distribuição de oportunidade entre os indivíduos, a saber, a separação deles em proprietários e não proprietários dos meios de produção, ou antes do capital com que se comanda esses meios. Não existem também, como conseqüência disso, tipos diferentes de educação e instrução. A escola primária, pela qual passam hoje, sem exceção, todas as crianças dos países socialistas, é a mesma e uma só para todo o mundo. Quanto à instrução secundária, ela já alcança, na União Soviética, uma grande parte da população adulta, e brevemente terá passado pelos cursos secundários, exatamente iguais para todos, a totalidade da população adulta. Não haverá mais assim diferença na instrução fundamental dos cidadãos soviéticos. Todos terão uma base intelectual e cultural idêntica.

No que se refere aos meios sociais que o cidadão soviético freqüenta, também não há diferença essenciais. Os bairros residenciais não se discriminam por categorias sociais, nem tampouco as organizações e associações culturais, recreativas e desportivas. Assim as relações e os conhecimentos não se travam entre os cidadãos dos países socialistas na base de categorias sociais mais ou menos estanques (como se dá com as classes na sociedade burguesa). E todo o cidadão pode ter e tem efetivamente acesso a qualquer lugar. Não se formam, por conseguinte, ou torna-se difícil se formarem, esses agrupamentos e círculos mais ou menos fechados de amizades e ligações mais estreitas que constituem a trama característica das sociedades burguesas, e que tem nelas tão relevante papel no sentido do favorecimento dos respectivos participantes, em prejuízo, quando necessário, de terceiros estranhos.

A sociedade socialista tende assim a se fazer cada vez mais homogênea no que respeita à posição social dos cidadãos. Socialmente, todos se equivalem, o que não exclui, por certo, diferenças financeiras, que são relativamente acentuadas (entre os menores e maiores rendimentos, vai na União Soviética, por exemplo, uma diferença de cerca de um para trinta e tantos), mas que não atribuem aos indivíduos estatutos sociais diferentes e hierarquizados como ocorre na sociedade burguesa. Não é difícil compreender que em circunstâncias como essas as oportunidades oferecidas aos indivíduos tendem a se nivelar, se fazerem as mesmas para todos. Realiza-se assim *de fato* o direito à livre escolha de ocupações, trabalho e sistema de vida, limitado unicamente por contingências naturais e biológicas.

Isso a sociedade burguesa não conhece, nem pode conhecer. Mas, pergunta-se, goza o cidadão dos países socialistas dessa liberdade mais modesta certamente, mas nem por isso menos importante para ele, de livremente escolher, dentro de sua capacidade e aptidões, o emprego que mais lhe agrada e convém? Ou será ele, ao contrário do que se passa nas democracias burguesas, e como os adversários do socialismo freqüentemente alegam, adstrito a certas tarefas e locais de trabalho de que não se pode afastar se não por consentimento superior?

Nada mais falso. O cidadão soviético tem o emprego que mais lhe agrada e convém. Pode livremente escolhê-lo, e mudar de um para outro, tal como seu companheiro dos países capitalistas. Repetimos novamente o que já foi acima afirmado, a saber, que a questão do engajamento de trabalhadores, do contrato e distrato de trabalho, é da alçada exclusiva das partes diretamente interessadas: a direção das empresas e os trabalhadores. Afora a regulamentação legal das relações de trabalho, não intervém no assunto nenhuma autoridade superior, e tudo se passa no plano das partes diretamente interessadas, tal como no capitalismo.

Há contudo, no que diz respeito à liberdade do trabalhador, uma diferença; essa certamente em favor do trabalhador dos países socialistas. No capitalismo, quem depende de um emprego para se manter, acha-se em regra sempre solicitado por dois impulsos contraditórios que lhe atribulam a vida e o enchem de preocupações: de um lado, a vontade de permanecer no emprego que ocupa, e o temor do risco inerente a toda mudança, com a perda conseqüente, sem compensação apreciável, das eventuais vantagens adquiridas. E de outro lado se acha a esperança de encontrar algo melhor.

O empregado dos países socialistas não enfrenta esse dilema, porque em suas linhas essenciais, todos os empregos para os quais se acha capacitado se equivalem, tanto no que respeita à remuneração, como às

O que é Liberdade

Gravura de Otávio Roth para o Comitê Brasileiro de Anistia.

demais condições gerais de trabalho. Ele se sente assim livre de escolher seu emprego, e mudar de um para outro, em função exclusivamente de suas preferências pessoais, sem a preocupação do ganho ou da segurança maiores ou menores que teria aqui ou acolá.

Com essas liberdades que passamos em revista – a da expressão do pensamento, e a de escolha de ocupação, modo de vista e trabalho – acredito ter abrangido o essencial nesse assunto da liberdade individual e maneira como ela se realiza no socialismo. Por desencargo de consciência, acrescentarei alguma coisa acerca da liberdade religiosa. Digo "por desencargo de consciência" porque, apesar das mil maneiras com que o sentimento religioso é explorado pelos adversários do socialismo, já é bastante sabido em nosso mundo burguês que as alegações da falta de liberdade religiosa nos países socialistas não passam da mais grosseira e cínica falsificação dos fatos. Uma simples circunstância ao alcance fácil de qualquer observador comprova essa falsificação: o funcionamento das igrejas, que se realiza sem nenhuma oposição ou simples objeção de quem quer que seja, governo ou particulares. O fato é que o culto religioso das diferentes crenças é praticado e se exerce nos países socialistas sem obstáculo ou constrangimento algum. A alegação da falta de liberdade religiosa nos países socialistas encontra sua principal aparência de verdade, mas falsa aparência apenas, no fato de que a filosofia generalizada mente aceita naqueles países, e que orienta sua cultura e vida política e social, é materialista, e dispensa a idéia de Deus e a crença em quaisquer outras entidades ou forças sobrenaturais na interpretação do mundo e na elaboração das normas de conduta humana.

Isso é verdade. Mas posta de lado a hipocrisia dominante no mundo capitalista no que concerne à religião, e excluído o puro formalismo religioso com que nele se enfeitam por vezes as instituições, a situação não é aí tão diferente da dos países socialistas. Será difícil citar, mesmo nos países capitalistas de mais elevado teor de religiosidade (excluamos as nações mais primitivas do Oriente e da África), circunstâncias em que a filosofia religiosa – que precisa ser cuidadosamente separada do conteúdo ético das religiões – exerça alguma influência ponderável. Não é certamente sob o signo da crença em entidades e forças sobrenaturais, que é o que constitui a essência de todas as religiões, que nos países capitalistas se elaboram as ciências, que se configuram e ditam as leis, que se estruturam as instituições políticas e sociais, educacionais e assistenciais, que se fomenta o desenvolvimento material e cultural, que se regula em suma a vida dos cidadãos e se promove ou procura promover seu bem-estar e progresso. A Constituição brasileira, por exemplo, se faz preceder da invocação de Deus. Mas nenhuma de suas disposições lembra sequer remotamente algum papel eventualmente reservado à divindade na condução das atividades políticas e administrativas do país. Isso é bem diferente – e lembramô-lo aqui para destacar por contraste e lembrar o que efetivamente significa a participação de um pensamento religioso na vida dos povos – isso é bem diferente do que ocorria em nossa civilização ocidental, embora num passado já remoto, quando a religião tinha nela um verdadeiro papel, e os homens se conduziam realmente, e não formalmente apenas, na base da fé religiosa; e em todas as circunstâncias de sua vida pública e privada, estavam sempre alertados para a divindade e perscrutando os sinais reveladores de sua vontade. Isso não tem mais hoje sentido algum, todos hão de convir, mas serve para mostrar o que seria o nosso mundo e nossa vida, se atrás do formalismo religioso de que se pretendem ufanar as instituições dos países capitalistas modernos, se abrigasse um verdadeiro e efetivo pensamento religioso. A Religião, como religião e crença no sobrenatural, não tem mais papel efetivo algum no mundo de hoje, e nisso tanto o mundo socialista como o capitalista se equivalem. A diferença está em que naquele primeiro isso é francamente reconhecido por uma filosofia que não se veste de falsas e mentirosas aparências.

Mas pelo fato de excluir a religião de suas preocupações, nem por isso o socialismo nega o direito e a liberdade a quem deseja praticar o culto. Se poucos há, e cada vez menos, que se aproveitam dessa liberdade, a explicação não é, como afirmam os detratores do socialismo, a intolerância do regime. Essa explicação me foi dada por um monge budista em Han-

Tcheú, onde eu visitava um velho e magnífico templo. Por ocasião dessa visita, observei um fiel que depois de humildemente se prosternar em frente à estátua do Buda, acendeu uma vela que trazia e cujas proporções não eram maiores que as de um lápis, junto a um candelabro feito para comportar uma vela descomunal de mais de palmo de diâmetro. Indaguei do monge que me acompanhava se ainda acendiam daquelas velas gigantescas, a que ele melancolicamente retrucou que havia muito que isso não ocorria. E acrescentou: "A religião vai desaparecendo, pois que infelizmente os antigos fiéis procuram outras maneiras de resolver seus problemas... "Está aí contida uma grande verdade, pois os homens se vão cada vez mais convencendo que o mundo, em todas suas esferas, da Natureza inerte à Natureza humana, racional e social, se rege por leis que cabe à Ciência determinar, e não pelas vontades de seres sobrenaturais de que as religiões se dizem intérpretes. Assim sendo, a religião perde terreno e a sua própria razão de ser. Ou antes, vai ingloriamente cumprindo sua derradeira missão, que é a de trazer um pequeno reforço ao moribundo capitalismo, explorando o que sobra do anacrônico sentimento religioso nas massas, contra o socialismo que afastou a religião de suas preocupações.

A conclusão geral e mais importante que podemos extrair da análise a que procedemos do problema da liberdade individual nos países socialistas, é que esse problema se propõe diferentemente nesses países e nas democracias burguesas. Enquanto a sociedade burguesa se funda essencialmente nos interesses individuais, e nela o comportamento social se regula pelo entrechoque desses interesses, derivando da ação particularista e divergente dos indivíduos, no socialismo, pelo contrário, a vida coletiva se pauta pelo interesse geral que não é senão o interesse individual considerado em perspectiva ampla e a longo termo, e se regula pela cooperação de todos. A liberdade de cada indivíduo, nas democracias burguesas, se define assim, e é limitada pelo interesse e pela ação dos demais indivíduos. E a norma de tal definição e limite é determinada pelas circunstâncias do entrechoque e conflito de interesses individuais divergentes. Assim, a democracia burguesa propõe, em princípio, e como ponto de partida, a liberdade individual. As limitações a essa liberdade de princípio se verificam em seguida no desenrolar dos fatos da vida em comum e na maneira como os indivíduos se relacionam entre si e entram em contato uns com os outros. O indivíduo é em princípio livre. Mas essa liberdade de princípio e de direito se choca logo com a liberdade de outros indivíduos, e é assim coarctada desde o momento em que ele começa a agir e encontra sua marcha barrada por interesses e ações contrárias.

No socialismo, em contrate, o ponto de partida é o interesse coletivo. Na base desse interesse coletivo se fixam as normas reguladoras do comportamento individual. A liberdade individual não se propõe, assim, como premissa, como na democracia burguesa. Mas decorre como conclusão, na medida em que por "liberdade" se entende a faculdade, a possibilidade e a oportunidade de o indivíduo se realizar, isto é, dar vazão às suas potencial idades e fixar em função delas suas aspirações, logrando alcançá-las.

A liberdade não é, em si, senão um meio, e não um fim. Fim esse que não pode ser outro, para o indivíduo, que aquela realização de sua personalidade. A liberdade, adequadamente entendida, não será, assim, senão a faculdade e possibilidade outorgadas ao indivíduo para a consecução de tal objetivo. Nesse sentido, a liberdade burguesa não passa de ilusão, pois outorga ao indivíduo uma faculdade que as contingências da vida coletiva lhe subtraem logo em seguida. Ou subtraem, na maior parte dos casos, da maioria dos indivíduos. O indivíduo é livre de escolher e determinar sua ação. Mas quando procura realizar e tornar efetiva essa sua escolha, verifica que as contingências da vida social determinadas pela livre escolha de outros indivíduos mais bem situados que ele, lhe vão afunilando a ilimitada liberdade inicial, e tolhendo sua ação *ate* reduzi-la a uma esfera mínima a que ele se verá inapelávelmente restringido e condenado.

No socialismo, o indivíduo quando parte para sua jornada pela vida social, não se acha formalmente revestido de uma liberdade do tipo burguês e em princípio ilimitada, mas que não passa para a maioria dos indivíduos de um direito abstrato e irrealizável. Ele encontra prefixado o seu comportamento. Mas sabe que esse comportamento o libertará de quaisquer contingências, e lhe permitir alcançar a plena realização de sua personalidade. Isso porque as normas a que se submete se enquadram num conjunto que, estruturado para atende aos interesses da coletividade a que pertence, não objetiva, em última instância senão o seu próprio interesse individual.

Mas, resta perguntar, e é a pergunta que usualmente se faz: como é determinado, como se define esse interesse coletivo que seja expressão legítima de cada um e de todos os membros da coletividade? Não me refiro aqui à maneira prática de proceder a essa determinação e definição, portanto isso, já vimos, se faz em cada caso pela consulta à opinião geral através de ampla audiência pública e largo debate dos assuntos em foco. Do que se trata agora é conhecer os critérios segundo os quais é possível não apenas atinar com uma orientação adequada e justa, mas sobretudo obter efetivamente para ela o consenso geral. O desenvolvimento desse ponto requeriria a consideração do papel que desempenha nos países do socialismo o tratamento cientifico dos problemas sociais. E isso obviamente não é possível aqui, pois significaria a incursão por domínios muito afastados do nosso interesse no momento. Mas o certo é que a política entendida no sentido mais amplo e profundo, que vem a ser a solução dos problemas da convivência entre os

Gravura de Otávio Roth para o Comitê Brasileiro de Anistia.

homens, se segue rigorosamente, nos países do socialismo – ao contrário do generalizado empirismo e apego a anacrônicas tradições que se observam no trato daqueles problemas no mundo capitalista – por normas que se inspiram ou procuram sistematicamente se inspirar na ciência. Uma ciência social aplicável na prática e tornada possível pela eliminação das classes e a igualização e equiparação de todos os indivíduos, o que suprime a necessidade de recorrer a artifícios e restrições na análise e interpretação dos fatos humanos. A filosofia marxista objetiva essencialmente realizar a tarefa de constituir uma tal ciência. E ela se vai constituindo no mundo socialista, seja embora através de vaivéns, de acertos alternados com erros, como ocorre na elaboração de todo conhecimento humano. Mas erros e acertos esses que se distribuem firmemente numa só direção: a do progresso material e espiritual do homem. Considerado numa perspectiva dialética, no seu *devir,* o mundo socialista o vem comprovando com suas realizações em todos os terrenos. E o comprova cada vez mais.

É por isso que a grande maioria da população dos países socialistas – maioria que vem sempre crescendo à custa do gradual desaparecimento de minorias renitentes – acredita no acerto e eficiência do marxismo como ciência, e confia nos métodos de análise e interpretação que ele proporciona. E é por isso também que a política socialista, orientada pelo marxismo e seus métodos, consegue reunir o consenso geral.

Sobre o autor

Caio Prado Junior, nascido em São Paulo, ai fez seus estudos secundários no Colégio São Luís, bem como em Eastbourne, Inglaterra.

Formado em 1928 pela Faculdade de Direito, hoje incorporada à Universidade de São Paulo, obteve nela, em 1956, a Livre Docência com a sua tese *Diretrizes para uma política econômica brasileira*.

Deputado estadual em 1947, teve seu mandato cassado em conseqüência do cancelamento do registro do Partido Comunista do Brasil pelo qual se elegera.

Recebeu o título de Intelectual do Ano pela publicação do seu livro *A REVOLUÇÃO BRASILEIRA*, sendo agraciado com o prêmio Juca Pato.

Caro leitor:
As opiniões expressas neste livro são as do autor, podem não ser as suas. Caso você ache que vale a pena escrever um outro livro sobre o mesmo tema, nós estamos dispostos a estudar sua publicação com o mesmo título como "segunda visão".